Image © iStockphoto.com/homodans

Image © iStockphoto.com/Tatiana_Ti

Image © iStockphoto.com/seamartini

Image © iStockphoto.com/IrinaKrivoruchko

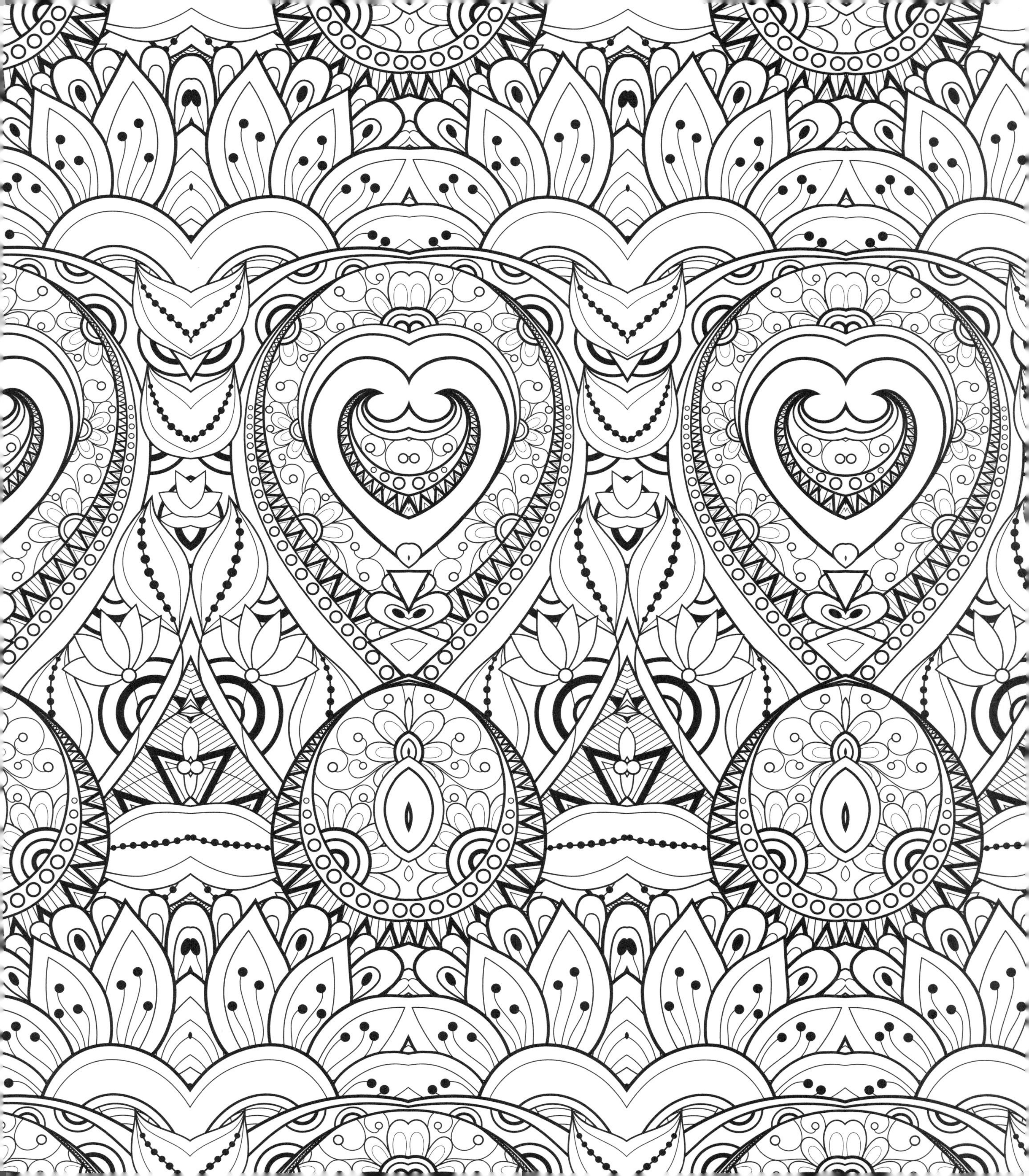

Image © iStockphoto.com/IrinaKrivoruchko

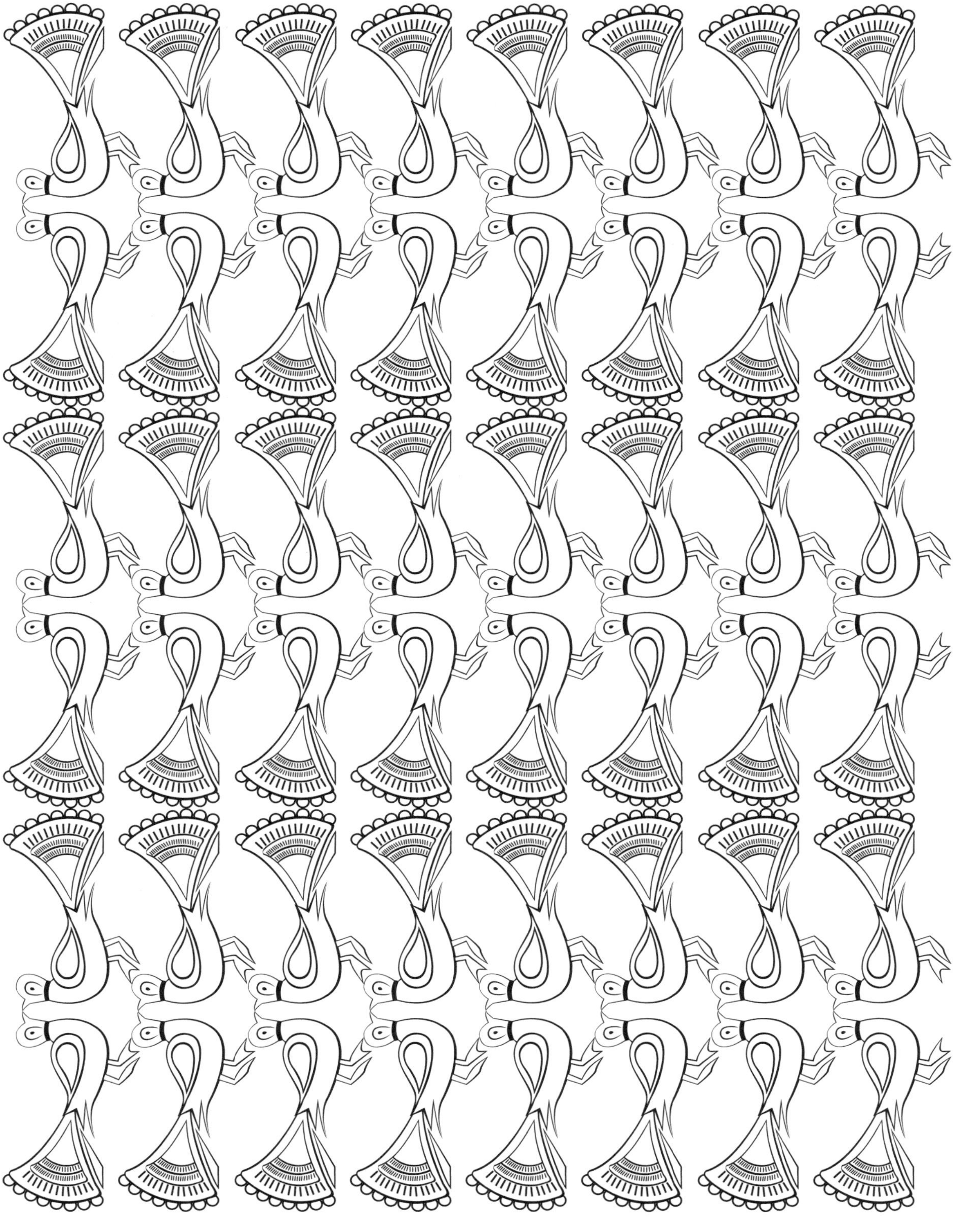

Image © 123RF/Iveta Aleksandrova Angelova

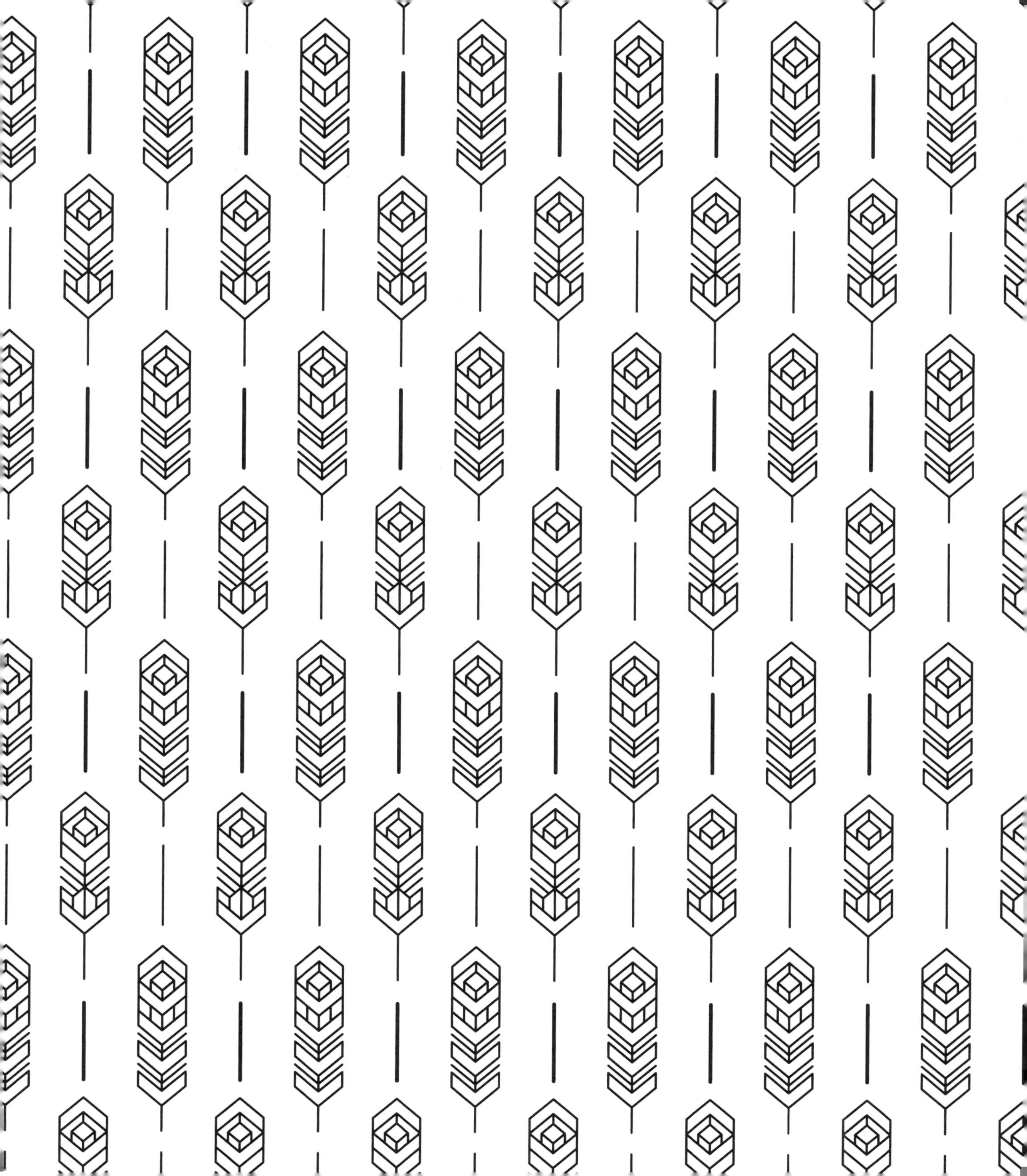